MANIFIESTA TU PODER

CÓMO HACER REALIDAD TUS SUEÑOS Y VIVIR LA VIDA QUE DESEAS

ALISON DAVIES

ILUSTRACIONES DE KELLI LADERER

KŌAN

EL
PODER

está
en
ti

Analiza tu vida en este momento. ¿Qué es lo que más te gustaría atraer? ¿Una nueva relación, tu trabajo soñado o ahorrar suficiente dinero para tener tu propia casa algún día? Quizá aún no sabes qué es lo que buscas y necesitas aclarar tu verdadero propósito y encontrar una manera de avanzar; nuestras necesidades cambian a diario, al igual que nuestros objetivos. Algunos objetivos tienen una vida corta, y otros son más a largo plazo, pero con las técnicas de manifestación adecuadas, podemos trabajar para conseguir ambos. Todos podemos influir en nuestro destino, aunque no nos demos cuenta. Lo único que se necesita es un poco de imaginación, enfoque y persistencia.

La manifestación se basa en uno de los principios fundamentales del universo: lo semejante atrae a lo semejante. Todo está hecho de energía, así que si queremos atraer algo a nuestra vida, tenemos que corresponder a esa energía y centrarnos en ello cada día. Es una ecuación sencilla: pide, cree y recibirás. Esto, combinado con herramientas y otras técnicas como el uso de tableros de visión, guiones y afirmaciones positivas, puede ayudarte a alcanzar tu objetivo.

Una vez que inicies tu viaje y empieces a manifestar las cosas que deseas, te darás cuenta de que el poder reside en ti. La forma en que piensas y sientes juega un papel importante en la realidad que creas. Por ejemplo, cuando empiezas el día sintiéndote positivo, deseando que llegue cada momento y visualizándolo en tu mente, cada tarea a la que te enfrentas se torna más alegre y el día transcurre sin sobresaltos. Si temes el día que tienes por delante, entonces llevarás esa mentalidad contigo como una nube sobre tus hombros y las pequeñas dificultades se volverán más pesadas y difíciles.

Por supuesto, seguirás enfrentándote a retos y contratiempos, porque así es la vida, pero una vez que te des cuenta de que tienes la capacidad de atraer cualquier cosa que desees, te sentirás con fuerzas y capaz de afrontar sus altibajos. Incluso agradecerás esos reveses y las lecciones que te aportan.

Este libro aborda el poder de la manifestación y el modo en que puedes utilizar herramientas sencillas para crear la vida que deseas. Te proporciona lo esencial para llegues a domar el arte de la manifestación. Tanto si eres un principiante como si ya tienes algunos conocimientos que te gustaría poner en práctica, este libro te mostrará cómo empezar. Puede que hayas oído hablar un poco de la manifestación y sientas intriga, y eso está bien. La guía paso a paso, las actividades prácticas y las sugerencias que encontrarás en estas páginas te ayudarán a darle sentido a todo y pueden cambiar tu vida. Incluso si ya has tenido alguna experiencia con la manifestación, descubrirás cómo mejorar tus posibilidades de éxito y atraer la energía positiva que necesitas para dar forma a tu futuro.

Aprenderás a identificar lo que quieres y los pasos que debes dar para atraerlo utilizando distintas herramientas. También descubrirás el poder de los tableros de visión, y cómo puedes crear uno para cualquier área de tu vida, desde plantear el concepto inicial hasta utilizar el tablero como herramienta para ayudarte a encontrar tu enfoque. Reconocerás qué debes incluir para que tu tablero de visión sea un éxito y los pequeños consejos y trucos que te darán una ventaja y te permitirán comunicar al universo que estás disponible para recibir el flujo de la abundancia en tu vida.

Las afirmaciones también son una parte fundamental de tu caja de herramientas, y descubrirás cómo crear las que funcionan para ti, y cómo utilizarlas junto con tu tablero de visión y otras técnicas como el guion, la meditación y la visualización. También se incluyen consejos sobre el seguimiento de tus progresos, desde la celebración de los éxitos hasta la combinación de objetivos a corto y largo plazo mediante distintas técnicas.

Tanto si deseas ampliar tus conocimientos espirituales, como si quieres sumergirte en el mundo de la manifestación o introducir algunos cambios positivos en tu vida y en el mundo que te rodea, esta guía te proporcionará las nociones básicas que necesitas. Manifestar es un don que mejorará tu vida. No importa lo que quieras. Puede ser cualquier cosa, desde algo material, como encontrar el par de pantalones perfecto o un nuevo y estupendo lugar para vivir, hasta algo más práctico como conseguir esa entrevista de trabajo, o incluso dones espirituales como la fuerza interior, el equilibrio y la renovación. Todo está ahí para que lo tomes, lo único que tienes que hacer es pedirlo y creer que tienes el poder.

PiNTA

LOS CUADROS DE TU VIDA

Los orígenes de la manifestación

La manifestación surgió por primera vez como parte de la Filosofía del Nuevo Pensamiento, un movimiento espiritual fundado en EE. UU. en el siglo XIX, aunque muchas de las creencias básicas también pueden encontrarse en prácticas espirituales y religiones como el hinduismo y el budismo. La idea central es que todo está hecho de energía, incluidos nosotros, y que podemos trabajar con ella tanto para sanarnos como para atraer lo que deseamos.

El éxito de ventas de Rhonda Byrne *El Secreto*, publicado por primera vez en 2006, contribuyó en cierta medida a acercar la manifestación a la gente. La ley de la atracción, en la que se basa este libro, es una parte clave del proceso de manifestación y funciona partiendo de la idea de que, si piensas positivamente, atraerás cosas positivas. Desde entonces, la creencia de que tienes el poder de moldear tu propia vida utilizando técnicas de manifestación se ha hecho cada vez más popular en todo el mundo.

Cómo funciona

La manifestación consiste en transformar tus sueños en realidad, cambiando tu mentalidad y utilizando el poder del pensamiento positivo. En otras palabras, si te centras en tus aspiraciones y piensas en positivo, puedes trabajar para hacerlas realidad. Parece sencillo y lo es hasta cierto punto, pero no es un proceso unilateral. Tienes que ponerte manos a la obra y estar dispuesto a actuar para alcanzar tus objetivos. Puedes pedir un deseo, pero para alcanzarlo tienes que actuar y seguir los pasos necesarios para que las cosas avancen.

Manifestar significa colaborar con el universo y trabajar juntos para crear la vida que deseas. Se trata de buscar esas señales y pistas y confiar en tu intuición. Esto es algo que ocurre de forma natural cuando estás centrado en un objetivo y con la mentalidad adecuada. Te vuelves más consciente de las oportunidades que te rodean, e instintivamente sabes cuáles pueden ayudarte a convertir tu sueño en realidad.

También hay un elemento de confianza en uno mismo, de dejarse llevar y confiar en que todo saldrá bien, pero esto no significa renunciar a tu objetivo y no hacer nada. Se trata de encontrar un lugar de paz y equilibrio. Desde aquí te resultará más fácil reconocer lo que es adecuado para ti y lo que necesitas hacer para crear algo maravilloso.

Pensamiento positivo y negativo

Uno de los primeros pasos en el proceso de manifestación es ser consciente de tus pensamientos. ¿Eres una persona positiva o negativa por naturaleza? Puede que pienses que esto no tiene nada que ver con lo que ocurre en tu vida, pero afecta a la forma en que ves las cosas y te enfrentas a ellas. Modela tu mentalidad y tu mundo interior. Colorea tus pensamientos y aquello en lo que te enfocas y esto, a su vez, modelará tu realidad.

Piensa en ti como en un artista. De ti depende crear el bello cuadro que es tu vida. Tus pensamientos son las ideas que pintarás sobre el lienzo. Si son brillantes y coloridas, harán que el cuadro cobre vida, pero si están envueltas en sombras, crearán un retrato mucho más oscuro y menos deseable.

Tu atención también es importante. Donde está tu atención es donde diriges tu energía, así que si estás continuamente centrado en una mala situación o en algo que no quieres que ocurra, en realidad estás alimentando esa narrativa y tienes más probabilidades de hacerla realidad. Si te centras en una situación o historia positiva, le estás dando la energía que necesita para crecer y materializarse.

atrae

lo semejante

atrae

atrae

lo semejante

atrae

Entendiendo las Leyes del Universo

La manifestación requiere práctica; no sucede de la noche a la mañana, aunque una vez que hayas perfeccionado tus habilidades y puesto todo en su lugar, las cosas pueden progresar rápidamente. Se trata de comprender el proceso y algunas de las leyes y principios básicos. Una vez comprendas cómo funciona el universo, empezarás a trabajar con él y será entonces cuando empieces a ver resultados.

Las civilizaciones antiguas dedicaron gran parte de su tiempo a aprender los secretos del universo. Prestaban atención a los cambios sutiles de energía y estudiaban con profundidad cómo funcionaba el mundo. Se cree que descubrieron una serie de leyes diferentes, que ahora llamamos leyes universales, que de alguna manera explican cómo podemos crear y trabajar con energía positiva para atraer lo que necesitamos.

Para ayudarte en tu camino, aquí tienes algunas de las principales leyes universales y cómo ayudan con la manifestación:

Lo semejante atrae lo semejante - la Ley de la Atracción

Esta es una de las leyes más importantes del universo y juega un papel significativo en cualquier técnica de manifestación. Significa igualar lo que deseas con cómo eres, así que si quieres atraer cosas positivas, necesitas tener una actitud positiva. Si quieres atraer dinero, entonces necesitas tener una actitud de abundancia y dar gracias por todas las cosas maravillosas que ya tienes en tu vida en este momento. La energía que emitimos es exactamente la que recibimos de vuelta. Es posible que ya hayas notado esto en tu vida. Es una verdad poderosa y funciona tan bien que a veces recibimos más de lo mismo. Por eso debes analizarte y tener la certeza de que estás enviando las señales correctas.

Eleva tu vibración - la Ley de la Energía

Piensa en ti como un faro de luz. Si quieres atraer la atención del universo, lo que necesitas hacer es aumentar tu brillo. Todo está hecho de energía, que vibra a diferentes niveles, y eso te incluye a ti. Cuando estás en plena forma, esa energía vibra a una frecuencia más alta, pero cuando te sientes mal, la vibración es mucho más baja. Reconocerás la diferencia cuando tengas un día en el que todo salga según lo planeado y sientas una gran vitalidad. Serás consciente de que te sientes más vital y vibrante. Esto se debe a que has elevado tu vibración energética y el universo responde enviándote más de la misma energía positiva. Cuando manifiestes y tu vibración energética se eleve, sentirás inspiración y empoderamiento. Pondrás en marcha un efecto de bola de nieve atrayendo más cosas buenas a tu vida.

Causa y efecto - la Ley del Karma

Probablemente hayas oído la frase «lo que va, vuelve», y de eso trata esta ley. Cuando te esfuerzas por hacer algo bueno por alguien, no solo te sientes bien, sino que también estás acumulando karma positivo. Piénsalo como un banco, pero en lugar de tratar con moneda, este banco cuida de tu riqueza kármica y de todas tus buenas acciones. Cuando haces algo positivo por otra persona, envías un mensaje poderoso al universo. Das desde el corazón y esto crea energía positiva. Puede que no veas los resultados de tus esfuerzos de inmediato, pero están seguros en el banco kármico. Cuando el momento sea adecuado y estés en el flujo de la manifestación, comenzarás a ver las recompensas de toda la energía kármica que has estado acumulando.

Creer y respirar - la Ley de la Paciencia

En la vida hay un momento para todo; así es como funciona el universo. Si el momento es adecuado, entonces sucederá; si no lo es, no puedes forzarlo. Eso no significa que no sucederá, sino que puede tardar un poco más. Piensa en la naturaleza, en cómo se mueve a través de diferentes estaciones en un ciclo interminable de transiciones. No puedes forzar la llegada de la primavera cuando estás en pleno invierno; debes aceptar que los cambios ocurran de manera natural.

La manifestación funciona con el poder del universo y los ciclos de la vida. Puedes establecer tu intención y tener pensamientos positivos, pero lo que deseas solo se manifestará cuando sea el momento adecuado para ti. Esto puede significar una semana, un mes o incluso un año. Una vez hecha tu petición, es importante que des un paso atrás, que respires, te relajes y sepas que tu deseo está siendo atendido por el universo. Confía en el proceso y cree que sucederá cuando el momento sea el correcto.

Espera y recibirás - la Ley de la Expectativa

¿Alguna vez te has preguntado por qué ciertas personas tienen tanto éxito? Parece que llegan a lo más alto con muy poco esfuerzo. En realidad, probablemente trabajan mucho entre bambalinas, pero lo más importante es que nunca pierden la confianza en sí mismas. Esperan tener éxito y lo tienen. Es una ecuación sencilla. El universo responde a la acción y la energía positiva, así que si quieres que tu manifestación funcione, tienes que creer que lo hará. Lo que desees, debes creer de todo corazón que lo mereces. Espera que suceda y actúa como si ya hubiera pasado, luego observa cómo se manifiesta ante tus ojos.

Actúa con inspiración - la Ley de la Acción

Puede que el universo tenga el poder de conceder tus deseos, pero tú también tienes que poner de tu parte. Sí, manifestar consiste en esperar y recibir, pero también consiste en emprender acciones inspiradas, tener apertura y buscar las oportunidades que el universo te ofrece y que encajan con el resultado que deseas. Por ejemplo, puede que desees encontrar tu propio lugar y marcharte de casa. Estableces tu intención, empiezas a practicar tus técnicas de manifestación preferidas y practicas el pensamiento positivo, pero también tienes que estar abierto y atento a las señales y los encuentros fortuitos. Puede que conozcas a alguien en la universidad que te presente a un amigo que tiene una habitación en una casa compartida. En ese momento, una acción inspirada podría ser tomar un café con esa persona y ver si os lleváis bien, comunicarle tu interés y ver qué pasa. El universo responde cuando emprendes una acción positiva, y este es un elemento importante de cualquier tipo de manifestación.

A medida que trabajes con el libro, verás que estas leyes formarán parte de todo lo que hagas, y quizá una u otra destaque en diferentes circunstancias y al utilizar distintas técnicas.

- Haz una comprobación consciente de cómo te sientes a lo largo del día. Detente y pregúntate si tus pensamientos y sentimientos se alinean con lo que quieres manifestar.
- Hacer cosas que te gustan eleva naturalmente tu vibración energética, así que encuentra alegría en las actividades cotidianas, ya sea riendo con un amigo, creando o simplemente mimándote. Haz lo que te haga sentir bien y aumenta tu brillo.
- Ser amable es una de las mejores formas de generar buen karma. Una sonrisa, unas palabras de ánimo, abrirle la puerta a alguien o un gesto sutil que mejore un poco el día de otra persona bastan para crear energía positiva.
- Si te sientes impaciente, dedica un momento a concentrarte en tu respiración. Inspira profundamente y cuenta cuatro tiempos lentos; luego, al exhalar, haz lo mismo. No precipites el proceso. Calma tu mente repitiendo este ciclo de respiración consciente durante unos minutos. Cierra los ojos e imagina cómo será cuando tu objetivo se haga realidad. ¿Cómo te sentirás? Conecta realmente con esas emociones y sácalas a la superficie. Piensa, actúa y espera recibir.
- Haz una lista de acciones positivas que te ayudarían a alcanzar tu objetivo.

DesaRRoLLa TU

POTENCIAL

Establece una base sólida
Antes de emprender un viaje, tienes que pensar adónde vas y por qué quieres ir allí. En el viaje hacia la manifestación sucede lo mismo. Encontrarás la orientación que necesitas mientras trabajas en este libro.

Identifica tu intención

El primer paso y el más importante para que tu manifestación sea un éxito es establecer una intención clara. Piénsalo como si pidieras comida para llevar. Puede que te apetezca una pizza, pero si no le dices al restaurante de qué tipo la quieres, no podrás quejarte si no te traen tu favorita. Si no especificas exactamente lo que quieres, no te lo darán, o puede que te den algo parecido pero no lo que querías.

Es fácil tener una idea en mente, pero si no tienes claros los detalles, esto puede provocar el caos a la hora de manifestar. Si lo que quieres es algo material, basta con decir exactamente lo que te gustaría; por ejemplo, un vestido dorado de cuello halter es una manifestación suficientemente clara, pero cuando se trata de necesidades mucho más amplias —como una sensación de paz y equilibrio—, entonces tienes que ir un paso más allá y pensar en lo que significa para ti. ¿Qué aportaría el equilibrio a tu vida? Cuando piensas en estar en paz, ¿qué significa esto para ti? Ten una imagen clara en tu mente de lo que necesitas y por qué lo necesitas, para que el universo pueda entregarte exactamente lo que has pedido.

¿Cuál es tu motivación?

La manifestación es personal. Se trata de ti y de lo que quieres, y de hacer que suceda de la forma que más te convenga. Una vez definido lo que quieres, puedes tener la tentación de precipitarte a pedirlo, pero es importante que te tomes tu tiempo, reflexiones sobre el momento de la vida en que te encuentras, lo que quieres para el futuro y por qué. Considera dónde te gustaría estar dentro de cinco años y piensa en los pasos que tienes que dar para llegar allí. Esto te ayudará a establecer tus objetivos actuales. Dedica un tiempo a meditar y date espacio para identificar las áreas clave en las que te gustaría trabajar, como tu educación, tu carrera o tus relaciones.

No tienes que intentar manifestarlo todo de una vez; de hecho, un enfoque paso a paso suele ser mejor. Puedes trabajar en objetivos a corto plazo y luego planificar aspiraciones a más largo plazo. No hay límite para el número de cosas que puedes manifestar ni para lo lejos que puedes llegar en el futuro.

La manifestación es un proceso, y comienza con tu capacidad para identificar tu deseo y por qué es importante para ti. Recuerda que has de ser específico y comprender tu motivación. Por ejemplo, puedes pensar que quieres ganar mucho dinero, y quién no, ¿verdad? Pero aparte de lo obvio, pregúntate por qué necesitas más dinero en tu vida. ¿Es porque no estás gestionando bien tus finanzas y sientes que las cosas están fuera de control? Si es así, lo que realmente anhelas es algo de orden y equilibrio. Quizá veas el dinero como seguridad y eso es lo que deseas. O tal vez pienses que el dinero te dará la libertad de hacer las cosas que quieres hacer.

No hay nada malo en pedir abundancia, pero es importante saber qué hay detrás de ese deseo. Una vez que hayas descubierto la verdadera motivación de tu petición, puedes concentrarte en ello para ayudarte a manifestar todo lo que necesitas para hacer realidad tu objetivo.

Empieza donde estás ahora

Ahora tienes un punto de partida desde el cual puedes comenzar a manifestar. Has identificado tus motivaciones e intenciones principales, y aprenderás a usar una variedad de técnicas para manifestarlas mientras avanzas en este libro. También puedes pasar a la acción abordando cualquier problema que pueda estar bloqueándote.

El universo responde a pensamientos y acciones positivas, así que si quieres más dinero pero estás teniendo dificultades para gestionar tus finanzas, puedes buscar formas de mantener tus cuentas bajo control, mientras practicas técnicas de manifestación para para obtener una ganancia extraordinaria. De este modo duplicarás tus posibilidades de éxito y enviarás un poderoso mensaje de que eres una persona inteligente desde el punto de vista financiero y estás preparada para recibir más.

Márcate pequeños desafíos

La manifestación solo funciona cuando realmente crees en lo que estás haciendo. Si esperas el resultado es probable que lo recibas, pero para lograrlo debes depositar cierta confianza en el universo y en tu propia capacidad para generar energía positiva y hacer que las cosas sucedan. A medida que tus habilidades de manifestación crezcan también lo hará tu confianza, así que, aunque puedas querer avanzar a toda velocidad y manifestar grandes cambios, es importante comenzar con algo que sepas que puedes lograr.

Resiste la tentación de dejarte llevar y manifestar grandes cosas para tu familia y amigos. Se trata de construir autoconfianza y establecer metas pequeñas y alcanzables. Es como si empezaras a trabajar. En tu primer día no esperarías estar presidiendo reuniones y haciendo presentaciones; mantendrías las cosas simples y te dedicarías a tareas que te ayuden a familiarizarte con el funcionamiento de la oficina y tus nuevos colegas. La manifestación funciona de la misma manera. Necesitas dominar las técnicas y trabajar con el universo antes de poder manejar peticiones más ambiciosas.

TU MOTIVACIÓN

Para este primer ejercicio, necesitarás una hoja de papel y un bolígrafo.

- Pregúntate «¿qué quiero ahora mismo?» y luego haz una lista de al menos cinco cosas que te vengan a la mente.
- Para cada elemento de la lista, pregúntate «¿por qué quiero esto?» y escribe lo primero que te venga a la cabeza.
- Tómate tu tiempo y mira lo que has escrito. Al reflexionar sobre cada punto, verás que emergen motivos y comprenderás qué impulsa tus deseos: esto es lo que realmente necesitas manifestar.
- Para terminar, subraya las palabras clave que resumen tu motivación para cada elemento de la lista.

DESAFÍO

ESTRECHAR LAZOS FAMILIARES - INTENCIONES

Para este reto, puedes practicar desarrollando tu técnica, añadiendo cada nueva habilidad a medida que las vayas adquiriendo. Imaginemos que tu intención es lograr una conexión más estrecha con tus amigos y familiares. Puede que quieras mejorar vuestra forma de comunicaros para entenderos a un nivel más profundo.

- Piensa en tu motivación y en lo que realmente quieres conseguir. Deja clara tu intención.
- Piensa en manifestar una conexión más profunda. En este caso, podrías adoptar un enfoque doble, en el que te centres en la alegría que compartes cuando estás junto a tus amigos y familiares, así como en mejorar la forma en que os comunicáis.
- Esta práctica de identificación de tus objetivos te permitirá comprender y aplicar las técnicas de manifestación que aprenderás en los capítulos siguientes.
- Ahora deja esto aparcado y retómalo a medida que aprendas cada nueva técnica.

Las pequeñas victorias cuentan

Reconoce tus logros

Cada vez que manifiestes algo, reconoce tu logro y construye sobre él. Ve paso a paso y marca las etapas de tu progreso. Aunque las cosas no salgan como habías planeado, podrás ver lo que te funciona y lo que puedes mejorar. Esto, a su vez, aumenta la confianza en tus habilidades.

Las pequeñas victorias cuentan en todas las fases de la manifestación y es importante reconocerlas de alguna manera, ya sea compartiendo el éxito con tus allegados, haciendo algo para celebrar el logro o escribiendo lo que ha funcionado y por qué. Cuando reconoces el éxito de este modo, te centras en lo positivo y esto eleva tu vibración energética y te ayuda a atraer aún más.

Registra tus resultados

Considera la posibilidad de crear un gráfico que puedas colgar en un tablón de notas y marcar tus progresos, o date una estrella dorada cada vez que lo consigas. Busca inspiración en Internet, o simplemente dibuja algo en un papel. Lo más importante es que reconozcas tu logro, incluso en estas primeras etapas, y lo marques de alguna manera. Si lo prefieres, puedes hacerlo dándote un premio y celebrando el momento en que alcanzas tu objetivo.

Lleva un diario de tus progresos

Es útil llevar un registro escrito de tus progresos, y escribir un diario es otra valiosa técnica de la caja de herramientas de la manifestación. Podrás reflexionar sobre las cosas que has probado y que han funcionado bien, y sobre las habilidades que quizá necesites desarrollar. Darte el espacio para evaluar tus progresos y expresar tus pensamientos abre los canales de la creatividad para que fluyan las ideas. También descubrirás que organizar tus pensamientos de este modo te ayuda a identificar nuevos objetivos y los pasos necesarios para hacerlos realidad.

escribir un diario

- Invierte en un cuaderno especial para tu diario, algo que atraiga tu atención y te haga querer abrir sus páginas.
- Utiliza el diario para registrar todos los aspectos de tu viaje de manifestación. De momento puedes establecer tus intenciones, organizar tus pensamientos y anotar cualquier idea, así como registrar cualquier logro que consigas.
- Más adelante empezarás a añadir detalles de las técnicas que estás empleando para manifestar tu objetivo.
- Elige una hora fija cada semana para escribir en tu diario. Puedes elegir el fin de semana para reflexionar sobre lo que ha acontecido, o el principio de la semana para fijar objetivos.
- Si tienes pensado hacer varios tipos diferentes de manifestación, quizá quieras invertir en más de un diario, de modo que puedas tener uno para deseos personales y objetos materiales, y otro relacionado con aspiraciones académicas y profesionales.
- Si no te gusta escribir a mano, puedes crear un diario *online* de forma similar y documentar tu progreso utilizando tu portátil o teléfono móvil. Incluso puedes compartirlo con amigos que tengan ideas afines y pedirles consejo y opiniones.

Desarrollar tus habilidades

Aquí tienes diez minimanifestaciones para que puedas ejercitar las habilidades que has aprendido en este capítulo. Medita sobre cada una de ellas y escribe un objetivo personal concreto relacionado con ese tema. Piensa en tu situación actual en cada área. Por último, considera por qué es importante para ti.

1. Manifiesta calma.
2. Manifiesta compasión.
3. Manifiesta una actitud positiva.
4. Manifiesta relaciones sólidas.
5. Manifiesta equilibrio.
6. Manifiesta paciencia.
7. Manifiesta generosidad.
8. Manifiesta esperanza.
9. Manifiesta autocontrol.
10. Manifiesta autoestima.

sueña
visua

iza sé

Conceptos básicos

Un tablero de visión es una representación visual de lo que te gustaría manifestar en tu vida. Es un collage de esperanzas y expectativas que construyes con imágenes, citas, palabras y fotografías que capten la esencia de lo que te gustaría atraer. Puedes crear un tablero de visión utilizando un póster o una pizarra blanca que coloques en algún lugar de tu habitación, o puedes construir una versión digital que lleves contigo en tu teléfono u ordenador portátil (consulta las páginas 44-45). La razón por la que funciona tan bien es que se basa en tus experiencias y en lo que es importante para ti, de modo que cada imagen, recorte o símbolo resuena contigo a nivel personal. Te ayuda a enfocar tus pensamientos para que tengas la mentalidad adecuada para alcanzar tus objetivos, y también tiene un efecto inmediato, ya que lo miras y sabes al instante lo que representa. Refuerza el mensaje que quieres enviar al universo de forma clara y concisa. Además, es divertido y te permite dar rienda suelta a tu lado creativo, que es una parte importante del proceso de manifestación.

No tienes que ser especialmente hábil para ponerte manos a la obra con un tablero de visión. Al fin y al cabo, tú eres la única persona que lo verá (a menos que decidas compartirlo). Se trata más bien de definir tu intención, reunir las imágenes y citas que representen tus deseos y disponerlas de forma que expresen tu petición. Imagínatelo como un tablón de sueños, y como una forma de enfocar tu mente.

Cómo funciona

Los tableros de visión son una herramienta poderosa y práctica que cualquiera puede usar y funcionan de varias maneras. Sabemos que cuando nos enfocamos en algo se expande, y si ponemos nuestra atención en una cosa, es probable que atraigamos más de lo mismo; esta es una ley universal (ver página 19). Un tablero de visión te ayuda a condensar tus sueños en un solo espacio. Te da un norte que puedes mirar todos los días y te ayuda a visualizar tus objetivos. Concentrarte en las cosas que deseas te pone en el estado mental adecuado para reconocer y aprovechar las oportunidades a medida que surgen y trabajar con la energía de la abundancia.

Por supuesto, también tienes que poner de tu parte, no solo en crear un tablero que resuma tus deseos, sino también en trabajar con él todos los días. Es importante dedicar tiempo a mirar tu tablero y pensar en lo que significa para ti. También ayuda si usas otras herramientas de manifestación complementarias, como visualizaciones y afirmaciones (ver capítulos cinco y siete), junto con el tablero, para aumentar tus posibilidades de éxito. Debes prepararte para ejecutar acciones positivas cuando surja la oportunidad y dar pasos hacia tu objetivo. Trabajar en armonía con tu tablero de todas estas maneras te ayudará a obtener los resultados que deseas.

Diferentes tipos de tablero de visión

Los tableros de visión pueden ser cualquier cosa que desees, desde collages en papel o cartulina, hasta algo más tecnológico y digital, que te permita colocar *online* elementos y palabras que te atraigan. Cualquiera que sea la ruta que elijas, tendrás que adoptar el mismo enfoque y tener una idea clara de lo que quieres manifestar, pero el primer paso es decidir qué tipo de tablero de visión es adecuado para ti.

Tableros digitales

Optar por lo digital tiene muchas ventajas. Ya sea que elijas algo como un tablero de Pinterest o una plantilla *online*, son fáciles de usar y no tienes que pasar tiempo recopilando imágenes y recortes de revistas. Puedes «pinear» las imágenes que encuentres para crear el aspecto que deseas y podrás actualizar tu tablero de visión fácilmente y cambiar de estilo cuando quieras. Hay muchas plataformas y herramientas *online* que pueden ayudarte. Una vez que hayas creado tu tablero, podrás descargarlo en todos tus dispositivos, imprimirlo e incluso compartirlo en las redes sociales, si lo deseas.

Tableros de collage

Un tablero de visión en forma de collage que creas tú mismo lleva tiempo y planificación, pero el esfuerzo que dedicas se ve recompensado con creces. El tiempo que pasas planificando y recopilando el tipo correcto de imágenes y recortes te ayuda a afinar tu enfoque y envía un mensaje muy claro al universo. Además, estarás involucrando tu imaginación. Esto permite que las ideas fluyan y te coloca en la zona creativa, que es exactamente donde necesitas estar para lograr cualquier tipo de objetivo. Tienes el control total del proceso y del aspecto del tablero, y será único para ti. Darte este tipo de poder creativo es un voto de confianza en tus habilidades para manifestar, lo cual aumenta la autoconfianza y repercute en el resultado de manera positiva. También te permite disfrutar de un tiempo libre de pantallas para ser creativo.

¿Aún no sabes qué tipo de tablero es para ti?

Un tablero de visión en forma de collage es práctico para ti si...

- Te gusta ojear imágenes y fotos en revistas.
- Te gusta dedicar tiempo a pensar en el diseño de algo, ya sea la decoración de tu habitación o un conjunto de ropa para salir.
- Disfrutas del proceso creativo, sin importar cuánto tiempo tome.

Un tablero digital es para ti si...

- Constantemente ves imágenes e ideas que te encantan en las redes sociales.
- No te preocupa tener un tablero físico ni dejar el diseño en un segundo plano, siempre que puedas controlar el contenido.
- Te resulta fácil centrarte en las imágenes de tu teléfono u ordenador y sumergirte en ese mundo.

Temas e ideas

Ya sea que estés buscando actualizar tu armario y optar por un *look* completamente nuevo, o que desees crear más paz y equilibrio en tu vida, hay una manera de hacerlo usando un tablero de visión. Puedes tener tableros para metas pequeñas y tableros para proyectos mucho más grandes y de toda una vida. Puedes tener tableros que reflejen los deseos de tu corazón y otros orientados hacia cosas más materiales.

Una vez hayas decidido tu intención, trata de reunir cosas que representen tu objetivo y resuenen contigo. Puede que tengas imágenes en mente o citas favoritas que quieras incorporar. La clave aquí es mantener los ojos abiertos para captar ideas y, si ves algo que te llama la atención, encuentra una manera de usarlo. El tablero es personal, así que no importa si no significa lo mismo para otra persona. Lo único importante es que tú reconozcas su significado profundo.

Piensa en los temas con los que estás trabajando en tu tablero de visión. Supongamos que te gustaría conocer a alguien especial, entonces tus temas podrían ser diversión, amor y romance, por lo que buscarás imágenes, palabras y recortes que simbolicen estas cosas. Podrías optar por símbolos populares como corazones, cupidos y rosas, y también podrías incluir fotos de parejas, citas de poemas de amor o una foto tuya tomada cuando sentías verdadero amor. Si quieres manifestar unas vacaciones en compañía, puedes incluir postales de lugares que te gustaría visitar, fotos de playas arenosas y fotos de tus mejores amigas y amigos. Si buscas un nuevo trabajo, podría ser un ordenador portátil o una oficina elegante.

Planifica tu tablero de visión

Tu tablero de visión es tan individual como tú. Es una forma de expresar tus deseos a través de imágenes y palabras clave, y también de poner tu sello único en él. Al fin y al cabo, ¡nadie te conoce tanto como tú! Una vez que tengas una intención clara de lo que quieres manifestar, dedica un tiempo a reflexionar sobre lo que significa para ti.

Considera la disposición del tablero y cómo podrías agrupar los elementos. Depende totalmente de ti si quieres designar zonas de tu tablero a temas concretos, o si quieres ser más general y dejarte llevar por tu flujo creativo. La forma en que dispongas las imágenes y las citas es tu elección personal, e instintivamente sabrás cuándo un diseño es el adecuado.

Toma notas y deja que las ideas, palabras e imágenes surjan de manera natural, quizá comenzando con un boceto aproximado y luego agregando dibujos específicos para crear un efecto de collage. Si lo prefieres, puedes recopilar las imágenes que vas a usar buscando en revistas y periódicos, libros, fotografías personales e Internet. Se trata de plasmar la interpretación de tu deseo, así que, si una imagen capta tu interés o refleja alguna parte de él, úsala. También puedes utilizar símbolos para representar lo que te gustaría manifestar. Recuerda, nada está escrito en piedra y puedes cambiar las cosas en cualquier momento.

Asegúrate de involucrar tu imaginación y disfrutar esta parte del proceso. Sueña, garabatea y diviértete. Los tableros de visión son una herramienta creativa y una forma de comunicar quién eres y lo que quieres, así que ten esto en mente al idear y recolectar imágenes.

Las palabras clave también son un elemento importante, así que presta atención a las frases, poemas u oraciones que capten tu atención y resuenen con tu intención.

Todo lo que puedas hacer para aumentar el impacto de tu tablero incrementará tus posibilidades de éxito, así que considera cómo puedes afinar tu mensaje para aprovechar al máximo esta herramienta de manifestación.

NCIAL • IMAGINA TU POTENCIAL
NA TU POTENCIAL • IMAGINA T
NCIAL • IMAGINA TU POTENCIAL
NA TU POTENCIAL • IMAGINA T
NCIAL • IMAGINA TU POTENCIAL
NA TU POTENCIAL • IMAGINA T
NCIAL • IMAGINA TU POTENCIAL
NA TU POTENCIAL • IMAGINA T
NCIAL • IMAGINA TU POTENCIAL
NA TU POTENCIAL • IMAGINA T
NCIAL • IMAGINA TU POTENCIAL
NA TU POTENCIAL • IMAGINA T
NCIAL • IMAGINA TU POTENCIAL
NA TU POTENCIAL • IMAGINA T
NCIAL • IMAGINA TU POTENCIAL
NA TU POTENCIAL • IMAGINA T
NCIAL • IMAGINA TU POTENCIAL
NA TU POTENCIAL • IMAGINA T

ENFOCA TU MENTE

Necesitarás una hoja de papel y un bolígrafo, o tu portátil o teléfono para esto.

- Escribe en un par de frases lo que esperas manifestar. Concreta todo lo que puedas, por ejemplo: «Quiero manifestar el apartamento de mis sueños, con muebles bonitos y vistas a la ciudad».
- Imagina el apartamento y recuerda las primeras palabras que te vengan a la mente. Escríbelas.
- Dedícate unos minutos a centrarte en tu respiración. Tranquiliza tu mente y relájate.
- Ahora piensa de nuevo en algunas palabras más para describir el apartamento. Usa tu creatividad y desafíate a pensar en algo diferente, algo que no hayas expresado nunca.
- Cuando hayas terminado, observa ambos conjuntos de palabras y selecciona las más importantes. Verás que puedes tomar palabras de ambas secciones y crear algo perfecto que coincida con cómo piensas y sientes acerca de tu posible nuevo hogar.
- El reto funciona comparando los dos conjuntos de palabras. El primer conjunto es tu respuesta instintiva y el segundo te permite ser más reflexivo y creativo e incluir tu imaginación. Si tomas lo mejor de ambos, tendrás una panorámica completa a partir de la cual podrás construir tu tablero de visión y encontrar las imágenes, palabras y frases adecuadas que le darán vida.

- Asegúrate de colocar tu tablero en un lugar donde puedas verlo todos los días, por ejemplo, encima de tu escritorio o junto a tu cama, para que lo veas por la mañana y por la noche. Si tu tablero es digital, configura una alarma en tu teléfono para que te recuerde mirarlo a determinadas horas del día, o conviértelo en tu salvapantallas.
- Cuando mires tu tablero, imagina que ya lo has logrado y cómo te sentirás. Visualiza el momento en que tienes lo que quieres y conecta con tus emociones.
- Cuando estés desplazándote por el teléfono, sigue prestando atención a nuevas cosas que puedas añadir a tu tablero de visión.
- Cuando mires tu tablero, observa cada detalle y piensa en las imágenes y palabras que has utilizado y por qué las has elegido. Utiliza el tablero como disparador creativo y deja que tu mente divague para que afloren en tu cabeza otras imágenes y palabras asociadas a tu sueño. Anota las que más te atraigan y añádelas al tablero.
- Expresa tu intención en forma de afirmación que complemente el contenido de tu tablero. Por ejemplo, si quieres irte de casa y encontrar tu propio lugar, podrías decir: «Soy independiente y quiero abrirme camino en el mundo». Repite esta afirmación cada vez que mires tu tablero.

ESTRECHAR LAZOS FAMILIARES - TABLERO DE VISIÓN

DESAFÍO

Retoma el proyecto donde lo dejaste (en la página 34) y crea un tablero de visión que se relacione con tu nueva y más cercana relación con tus amigos o familia.

- En tu tablero podrías incluir fotos tuyas con tu familia y amigos, recuerdos de momentos especiales compartidos e imágenes que te hagan sentir feliz.
- También podrías incluir palabras que promuevan un sentido de cercanía como *amor* y *conexión*.

Diez ideas para tu primer tablero de visión

Aquí tienes algunas ideas de las áreas temáticas de tus tableros de visión para que puedas empezar.

1. **Para la paz y el equilibrio**
Imágenes y objetos que te inspiren del mundo natural: montañas, playas, caracolas, etc. Colores calmantes y citas que tranquilicen tu mente.

2. **Para la energía**
Imágenes que representen para ti la actividad física y el movimiento: deportes, sol, gente animando. Citas energizantes e imágenes de alimentos saludables.

3. **Para el dinero**
Símbolos de dinero, monedas de oro, cheques en blanco, cantidades de dinero que te gustaría atraer. Fotos de casas bonitas y estilos de vida lujosos.

4. **Para el éxito en cualquier área**
Citas que inspiren confianza y éxito, imágenes de ganadores llegando a la meta y del público aplaudiendo. Fotos de personas célebres o que sean un modelo a seguir y que te hayan inspirado.

5. **Para viajar**
Billetes, fotos de aviones, trenes, barcos, imágenes de lugares a los que te gustaría ir, citas y fragmentos de distintos idiomas y cocinas.

Cuanta
más
energía
des,
más
recibirás

6. **Para el amor**
Fotos de parejas felices, símbolos de amor como corazones y flores, citas y poesía romántica.

7. **Para la salud mental**
Imágenes calmantes y fotos de paisajes marinos y cielos azules, citas y afirmaciones que promueven la buena salud mental y te hacen sentir en paz.

8. **Para la suerte**
Símbolos de la suerte, como un trébol de cuatro hojas o una herradura, números de la suerte, tus colores o imágenes personales de la suerte, fotos de celebraciones, afirmaciones como «Tengo suerte»

9. **Para la felicidad**
Fotos de momentos felices con tus amigos o familiares, recuerdos concretos que te hagan sonreír, lugares que eleven tu espíritu, citas y afirmaciones alentadoras.

10. **Para la creatividad**
Imágenes que te hagan desarrollar tu creatividad, fotos del mundo natural, citas de tus escritores favoritos, fotos de libros, películas o canciones que te hayan inspirado.

DALE FORMA

TU
MUNDO

Palabras e historias

Todos somos narradores. Es como aprendimos a dar sentido al mundo y a construir un paisaje común. También es nuestra forma de conectar y vincularnos con los demás. La conversación cotidiana se compone de miles de historias, pero las que nos contamos a nosotros mismos son, con diferencia, las más poderosas. Las narrativas que repites en tu mente crean tu realidad, así que si quieres cambiar esa realidad, necesitas cambiar la historia.

La guionización es una de las mejores maneras de hacer esto. Es una herramienta de manifestación efectiva e ideal para aquellos que prefieren trabajar con palabras o que no se sienten atraídos por crear un tablero de visión. También se puede usar junto con cualquiera de las otras técnicas en este libro para aumentar tus posibilidades de éxito en la manifestación. La idea es que crees un guion que se ajuste a lo que deseas. Es como contarte una historia, una y otra vez. La clave es imaginar que ya has manifestado tu deseo. Estás viviendo esa vida y experimentando la alegría. En esencia, estás soñando despierto, pero en lugar de limitarte a pensar las cosas, estarás realmente escribiendo tu historia única.

La buena noticia es que la guionización se puede hacer en cualquier momento y en cualquier lugar. Puedes sacar tu *smartphone* y tomar algunas notas mientras te desplazas por la mañana, llevar un diario contigo y escribir en él durante tus descansos en el trabajo o a la hora del almuerzo, o reservar un espacio regular en tu agenda para escribir. Todo lo que necesitas son algunas herramientas básicas, un poco de tiempo y espacio, y tu imaginación.

Eliminando la necesidad

Puedes tener guiones diferentes para las distintas cosas que quieres manifestar, o usar tu creatividad e idear varios guiones que trabajen todos en el mismo sentido. Se trata de saltar hacia el futuro que deseas y convertirlo en presente. La explicación de por qué esto funciona es que elimina la «necesidad» que tienes y que crea la distancia entre tú y lo que quieres manifestar. Cuando deseas algo, a menudo está fuera de tu alcance. Cuanto más lo deseas, más fuera de tu alcance lo sientes. Cuando tienes algo, ya no lo necesitas. Puedes verlo, sentirlo, disfrutarlo, y esto no solo eleva tu vibración energética, sino que envía un poderoso mensaje al universo para que te dé más de lo mismo.

ESCRIBE TU PROPIA HISTORIA •

Cómo empezar

Para que te hagas una idea de cómo funciona un guion y del tipo de cosas a las que deberías aspirar, imaginemos un escenario. Estás a punto de comprar tu primer coche; esto es lo que te gustaría manifestar. Sabes exactamente qué tipo de coche quieres y tienes una intención clara en mente. Ahora da un salto hacia delante e imagina cómo sería tener ese coche; imagina un día de tu vida y empieza tu historia por el principio.

Ejemplo de guion

Espero con ansias el día que tengo por delante, una aventura en mi fantástico Volkswagen Beetle rojo. Tengo las llaves en la mano y me siento bien sabiendo que es mío y que tengo la libertad de conducir a donde quiera. Abro la puerta de mi casa y allí está, estacionado. La pintura roja brilla bajo el sol de la mañana. Presiono la llave y escucho el sonido familiar cuando la puerta se desbloquea. Mi coche me espera. Deslizo mi mano bajo la manilla y la puerta se abre. El interior es lujoso y suave, oscuro pero acogedor, y el aroma del cuero llena el aire. Respiro y disfruto del olor a nuevo. Me deslizo en el asiento y me acomodo. Es el ajuste perfecto. Siento seguridad y comodidad. ¡Empieza la aventura!

Este es un guion inicial. Puedes elegir contar la historia de un viaje por carretera, de una salida con amigos, o lo que sea que le dé vida para ti. La narrativa que elijas depende de ti, siempre que sea en tiempo presente y que puedas sumergirte en el guion y creer que estás allí.

Algunos consejos sobre escritura de guiones

Aquí tienes algunos consejos para ayudarte a sacar el máximo provecho de tu guionización.

Experimenta en tiempo presente

Mantén siempre la narración en tiempo presente. Recuerda que lo que quieres ya no está fuera de tu alcance; lo tienes y lo estás experimentando ahora mismo, así que vive el momento. Utiliza palabras como *soy* o *tengo* en lugar de *seré* o *tendré*. Es fácil caer en la trampa de poner lo que quieres en el futuro porque en realidad todavía no es tuyo, así que tómate tu tiempo y lee tu guion por partes para asegurarte de que estás viviendo el sueño en el presente.

Utiliza todos tus sentidos

Da vida a tu guion haciéndolo lo más real posible. Involucra todos tus sentidos y piensa en lo que puedes ver, oír, oler, saborear y sentir. Por ejemplo, tienes puesto tu vestido de verano soñado y lo llevas en el bar junto a la piscina durante las vacaciones. ¿Cómo te hace sentir? ¿Cómo es moverse con el vestido? Quizá notas cómo se siente contra tu piel o cómo el color complementa tu tono de pelo. Puedes oler el delicado aroma del material combinado con tu fragancia favorita. Puede parecer exagerado cuando lo estás escribiendo, pero te ayudará a convertirlo en una experiencia 3D. Imagina que es una película y que la estás visualizando en tu mente. ¿Quién más está allí? ¿Cómo te ven los demás? Incluye tantos detalles como puedas para darte la mejor oportunidad de obtener exactamente lo que deseas.

Piensa cómo te sientes

Imagina cómo te sentirás cuando hayas manifestado lo que deseas. Para ayudarte a hacerlo, dedica un tiempo a pensar tanto en las emociones como en los aspectos prácticos y ponte en ese lugar. Haz una lista de sensaciones y léela para tener una idea clara en tu mente de lo que esto significará para ti. Mientras escribes, recuerda hablar de tus emociones, ya que esto te ayudará a dar profundidad a tu historia y a darle vida, al mismo tiempo que envías un poderoso mensaje al universo.

Sé auténtico o auténtica

Puede resultar difícil imaginar cómo es tener algo en tu vida si nunca lo has experimentado antes, así que infórmate bien. Si buscas un trabajo concreto, averigua todo lo que puedas sobre él. Habla con quienes ya ocupan ese puesto y hazte una idea de cómo puede ser un día cualquiera. Busca puntos en común y recuerda momentos de tu vida en los que hayas conseguido algo parecido. Por ejemplo, si quieres superar una entrevista, puedes recordar alguna situación anterior en la que te hayas enfrentado a algún tribunal o hayas tenido que hacer una presentación y hayas causado buena impresión. Aprovecha esas experiencias para construir tu guion de manifestación.

Observa tu guion desde diferentes perspectivas

Amplía tus horizontes y piensa en escenarios que puedas utilizar como guiones diferentes para manifestar la misma cosa. Por ejemplo, si quieres manifestar una pareja romántica, entonces puedes empezar con un guion que describa vuestro primer encuentro, cómo se cruzaron vuestras miradas, lo que os dijisteis o lo que sentisteis. Es un buen comienzo, pero no te centres solo en ese momento de vuestra vida juntos. Sigue adelante y describe vuestra primera cita, o el momento en que os disteis cuenta de que erais almas gemelas, los momentos felices que compartisteis juntos, vuestra primera comida en un restaurante, un viaje de vacaciones, etcétera. Experimenta y diviértete con el proceso de guionización. Cuando das rienda suelta a tu imaginación, de forma natural pones más energía positiva y fe en manifestar lo que quieres.

Utiliza *storyboards*

Los *storyboards* funcionan de forma similar a un guion, pero utilizan menos texto y combinan palabras, imágenes y símbolos para contar la historia y ayudarte a manifestar tus objetivos. Pueden ser una simple narración de tres recuadros con un inicio, un desarrollo y un final, o una narración más detallada con un número indefinido de recuadros para representar las etapas. No hace falta que se te dé bien dibujar para que funcionen. Si prefieres utilizar listas dentro de cada recuadro en lugar de imágenes para contar la historia, no hay problema. Piensa en la maquetación como si fuera un cómic, con una serie de recuadros con imágenes que cuentan la historia, y pies de foto que describen lo que está ocurriendo. Puedes incluir diálogos entre los personajes.

Para empezar piensa en lo que quieres e identifica tu intención. Después imagina que cuentas la historia de cómo has llegado hasta ahí utilizando una combinación de imágenes y frases clave.

STORYBOARD

Imagina que quieres asegurarte un lugar en la universidad o colegio de tu elección; esto es lo que te gustaría manifestar. Recuerda, puedes elegir las imágenes más simples: no tienes que ser un Andy Warhol.

- Toma una hoja de papel, gírala horizontalmente y dibuja tres grandes recuadros uno al lado del otro.
- El primer recuadro es el comienzo de tu historia, así que aquí es donde identificas la universidad o colegio, y las notas que necesitas para entrar. Puedes escribir una lista describiendo esto o dibujar una imagen del letrero de la universidad con el nombre claramente visible y luego escribir una oración debajo.
- El segundo recuadro te muestra trabajando: revisando, investigando y, finalmente, examinándote y sintiendo que lo has hecho lo mejor que has podido. De nuevo, busca la forma de contar esta parte de la historia utilizando imágenes, frases o listas, de modo que puedas tener una visión más clara de lo que has hecho.

- En el tercer y último recuadro verás cómo obtienes las calificaciones que necesitas y lo celebras cuando recibes la carta de admisión, por lo que puedes limitarte a resaltar las calificaciones que deseas en este recuadro.
- Mira el *storyboard* que has creado y repásalo mentalmente varias veces. ¿Cómo te hace sentir?
- Piensa en una palabra que resuma ese sentimiento, por ejemplo *euforia* o *entusiasmo*.

DESAFÍO

VÍNCULOS FAMILIARES MÁS CERCANOS - GUIONES Y STORYBOARDS

Ahora vuelve a tu proyecto por pasos (ver página 53) y refuerza tu manifestación probando una —o varias— de las técnicas de visualización de este capítulo.

- Escribe una historia sobre tu éxito, en positivo y con todo lujo de detalles. Recuerda incluir cómo te sientes.
- Habla de cómo reaccionan tus amigos u otros familiares ante ti.
- Tal vez prefieras hacer un *storyboard*, una presentación en forma de cómic del lugar donde quieres estar en relación con tus amigos y familiares.

- Escribir un guion o una narración es una parte esencial de la manifestación, pero para mantener una energía renovada y en movimiento es importante que forme parte de tu rutina. Añade material adicional cuando puedas; retoca, reescribe y crea nuevos guiones cuando te encuentres con inspiración.
- Procura leer y repetir la historia tantas veces como puedas a lo largo del día. Para ayudarte, establece franjas horarias regulares, como a primera hora de la mañana, antes del desayuno, y a última hora de la noche, antes de acostarte.
- No siempre es posible leer el guion en voz alta, dependiendo de dónde te encuentres, pero cuando tengas un momento de tranquilidad para ti, hazlo. Pon en ello todas tus emociones e imagina que estás haciendo una representación.
- Trabajar con narraciones, ya sea escribiendo un guion o montando una historia, es divertido. Aprovecha tu creatividad innata y ayuda a flexibilizar tu imaginación. Disfruta del proceso y confía en tu capacidad para crear el futuro que deseas.

Diez ideas para tu primer guion o relato

Si necesitas algunas sugerencias para experimentar con las historias, prueba con estas ideas.

1. **Hacer nuevos amigos**
Describe cómo es conocer a un nuevo grupo de amigos y disfrutar de su compañía, riendo juntos y conectando. ¿Quizá te invitan a ir de compras con ellos o a salir por ahí? Describe cada escenario por separado.

2. **Superar una entrevista**
Describe el escenario de la entrevista y visualízate respondiendo a las preguntas con confianza. ¿Qué sentiste al notar la reacción positiva del interlocutor? Avanza un poco más y describe el momento en que te enteras de que has conseguido el puesto.

3. **Tu primer día en la universidad**
Describe la emoción que sientes al entrar en el campus por primera vez. Luego habla de cómo te sientes al final del día y de lo mucho que has disfrutado de la experiencia.

4. **Tu primer día de trabajo**
Describe la bienvenida que te dieron y cómo te adaptaste. Recuerda expresar tus emociones y describir cómo te gustaría sentirte en tu nuevo trabajo. Visualízate en el puesto dentro de un mes, y describe cómo te preparas para ir a trabajar y cómo afrontas el día.

5. **Tu primera cita**
Describe el encuentro con tu cita en persona, dónde vais y qué hacéis. Describe cómo te sientes en ese momento, la expectación y la emoción. Piensa en las conversaciones

que podríais tener y en cómo planificaríais vuestra próxima cita.

6. **Impresionar en una presentación**
Describe la sala, la audiencia, cómo te sientes y el momento en que tomas la palabra. Describe cómo responderás a las preguntas con seguridad y cómo te relacionarás con el público. Por último, habla de la reacción positiva que obtienes y de la confianza que esto te hace sentir.

7. **Ganar en algo**
Concéntrate en describir el momento en que ganas y hazlo con detalle. ¿Cómo te sientes? ¿Qué has ganado? ¿Dónde estás y qué haces? ¿Qué vas a hacer ahora? Da vida a esas emociones de alegría en tu descripción.

8. **Mudarte a tu propia casa**
Imagina que abres la puerta por primera vez y entras en tu nuevo piso. Recorre cada habitación y descríbela con detalle. ¿Cómo te hace sentir saber que se trata de tu nuevo hogar?

9. **Mudarte con amigos o con tu pareja**
Describe el despertar en tu nueva casa en compañía de alguien o de tu pareja. ¿Cómo te sientes? ¿Cómo es el momento en que te despiertas y tomas conciencia de que has empezado esta nueva vida? Describe el lugar con detalle.

10. **Conocer a los padres de tu pareja**
Describe el escenario en el que conoces a los padres de tu pareja, ya sea en su casa o en algún lugar como una cafetería o un restaurante. Imagina que durante la cita sientes comodidad y confianza. Mira hacia el futuro y visualízate compartiendo una comida familiar con ellos, a gusto y feliz en su compañía.

aBRaza
TUS

DONES

Herramientas y trucos
Manifestar es una herramienta poderosa, y hay muchas cosas que puedes hacer para aumentar tus posibilidades de obtener resultados. Cambios sencillos en tu actitud y en la forma en que piensas y te hablas a ti mismo marcan una gran diferencia. Desde hacer afirmaciones al universo sobre tu vida y lo que quieres, hasta dar las gracias por todo lo que ya tienes, no solo puedes cambiar las cosas, sino también hacer la vida más agradable. Manifestar no debería ser una lucha; es una experiencia positiva y proactiva que puede beneficiarte de muchas maneras.

Cómo usar las afirmaciones

Imagina que te estás preparando para una gran noche de fiesta. Lo estás deseando, te has esforzado y lo has planeado todo, desde cuándo quedarás con tus amigos hasta reservar un taxi para volver a casa, ahora solo tienes que esperar, y esa es la parte emocionante. Durante los preparativos, probablemente comentarás tus planes con amigos y familiares, hablarás con entusiasmo de lo increíble que será, y estas afirmaciones aumentarán el placer y la satisfacción que sentirás cuando por fin llegue la gran noche.

Las afirmaciones funcionan de forma similar. Son frases positivas que puedes repetir a lo largo del día —tanto mentalmente como en voz alta— para reforzar tu petición al universo. Pueden utilizarse junto con otras técnicas de manifestación, como las narraciones o los guiones, y también pueden añadirse a tu tablero de visión para que, cada vez que lo veas, repitas la afirmación y reafirmes tu intención. Las afirmaciones te ponen en la mentalidad adecuada y te ayudan a pensar y actuar positivamente hasta que alcances tu objetivo. También sirven de recordatorio al universo, como si dijeras: «Estoy aquí y estoy disponible para que... llegue a mi vida».

Aplica estas tres reglas fundamentales cuando trabajes con afirmaciones.

Permanece en el presente

Redacta siempre tu afirmación en presente, por ejemplo: «Atraeré a la pareja perfecta» se convierte en «Atraigo a la pareja perfecta». Cuando decimos «Atraeré» situamos lo que queremos en el futuro, alejándolo de nosotros. Cuando decimos «atraigo, o estoy atrayendo», estamos haciendo que suceda, ahora mismo, lo que acerca aún más nuestro deseo...

Usa palabras positivas

Elige palabras positivas en lugar de negativas. Si deseas estar saludable y perder unos kilos es mejor decir: «Estoy eligiendo alimentos sanos» en lugar de «Ya no como comida basura». Las palabras negativas actúan de forma negativa y anulan el poder de la afirmación. Las palabras positivas nos animan a actuar y crean energía positiva, que es exactamente lo que necesitas, porque lo semejante atrae a lo semejante.

Finge hasta que lo logres

Las afirmaciones son más efectivas cuando se repiten en voz alta, pero es importante decirlas como si realmente lo sintieras, incluso si no es así. Haz que tus afirmaciones cuenten, pensando en cada palabra y, si no lo sientes de verdad, ¡finge hasta que lo logres! Repite la afirmación una y otra vez hasta que tu corazón y mente se pongan al día. No solo te sentirás mejor y más brillante, sino que también potenciarás tu capacidad de manifestar al mismo tiempo.

Cómo sacar el máximo partido a las afirmaciones

Las afirmaciones son tan importantes que conviene repasar los puntos principales sobre cómo maximizar su eficacia.

- La repetición es la clave de las afirmaciones: cuanto más digas algo y lo creas, más probable será que el universo te escuche y te dé lo que quieres, así que repite tu afirmación a lo largo del día. Anota algunos momentos para hacer afirmaciones en tu agenda, como cualquier otra práctica, a intervalos regulares.
- Tómate un tiempo para meditar sobre tu afirmación. Reflexiona sobre las palabras y enfócate en su significado más profundo. Observa cómo se manifiesta la afirmación en tu mente e imagina cómo te sentirías.
- Anota tus afirmaciones y pégalas donde las veas todos los días, alrededor del espejo, en la nevera. Puedes llevarlas en el bolso.
- Crea un salvapantallas con tu afirmación. Utiliza gráficos brillantes y atractivos y colócalo en tu teléfono/tableta/ordenador portátil, para que lo veas cada vez que los abras.
- Escríbete un correo electrónico que incluya tu afirmación en el título. En el cuerpo del mensaje, describe qué se siente al tener lo que quieres en tu vida. Envíate el mensaje y léelo cuando lo necesites.

El poder de la gratitud

La gratitud es una de las herramientas de manifestación más poderosas. Cuando das las gracias por algo iluminas todas las cosas buenas, le dices al universo: «¡Gracias, y por favor, envía más!». Te pone en el flujo de la abundancia y también eleva tu energía vibratoria. Cambias tu mentalidad, lo que a su vez te hace sintonizar con una frecuencia más alta, de modo que atraes energía positiva a tu vida. También es adictivo. Cuando empiezas a darte cuenta de todo lo bueno, tu conciencia se expande y tu estado de ánimo general mejora. Sentirás menos estrés y serás más capaz de afrontar cualquier contratiempo o bloqueo durante tu viaje de manifestación.

Cuando adquieras el hábito de dar las gracias, verás que te enfocas de forma natural en todas las cosas buenas de tu vida, en vez de fijarte en las malas. En lugar de centrarte en lo que no tienes, reconocerás las cosas buenas que el universo ya te ha dado y atraerás aún más.

CONVIERTE "GRACIAS" EN TU NUEVO MANTRA

Diario de gratitud

Para ayudarte a adoptar una actitud de gratitud, prueba esto:

Si ya has empezado a llevar un diario, ¡bien hecho! Si no, ahora es el momento de empezar. Hazte con un cuaderno y úsalo para anotar las cosas por las que estás agradecido. Esfuérzate por escribir cinco cosas al final de cada día por las que estés agradecido, y luego, con el tiempo, aumenta el número hasta diez. Escoge detalles concretos y momentos especiales, como estar agradecido por una palabra de ánimo de tu mejor amigo. Al final de cada semana, relee todas las entradas y recuérdate todas las maravillosas alegrías de tu vida. Echa mano del diario cada vez que necesites un estímulo, para aumentar la energía positiva.

Di «gracias»

Haz del «gracias» tu nuevo mantra y dilo a menudo. Piensa en todas las personas que encuentras en tu día a día que merecen un gracias, ya sea por algo que hacen ahora o que han hecho en el pasado. Sé valiente y di «gracias» y «te lo agradezco» tan a menudo como puedas. No tengas miedo de utilizarlo con desconocidos.

Date las gracias también a ti mismo. Di «gracias» a tu cuerpo por mantenerte activo y móvil, y a tu mente por tener ideas brillantes.

Por último, di «gracias» al universo por el flujo de abundancia en tu vida.

Reconoce tus éxitos

Es importante reconocer todas las cosas que haces bien y dar las gracias por las pequeñas victorias. Alaba tus logros y di: «Me lo merezco, ¡lo he hecho genial!». Luego haz algo para festejar la ocasión, ya sea una celebración en solitario, un premio por alcanzar tu objetivo o algo más grande que hagas con amigos y familiares. Reconoce tus puntos fuertes y tus talentos y agradece esos momentos en los que alcanzas el éxito. Cuando haces esto, elevas instantáneamente tu vibración energética y envías un poderoso mensaje al universo de que has triunfado.

Crea una Caja de gratitud

Invierte en una caja que puedas llenar con cosas que te recuerden todas las cosas que agradeces en tu vida. Puedes utilizarla para mostrar tu gratitud por las personas, los lugares y las cosas que hacen que tu vida sea especial. Incluye fotos, citas, notas y recuerdos que te lleven a tu «lugar feliz». Recuerda seguir añadiendo cosas, pues así mantendrás la energía fresca y en la dirección correcta. También puedes hacerlo digitalmente, creando una carpeta en tu teléfono u ordenador portátil, y luego fijándote en las cosas que puedes guardar allí.

- Mírate a los ojos con confianza, sonríe y di tu afirmación en voz alta, tres veces.
- Cada vez que la digas, piensa en cada palabra y en lo que significa.
- Abraza tu poder y cree que tienes la capacidad de manifestar lo que necesites, ahora mismo.

DESAFÍO

ESTRECHAR LAZOS FAMILIARES - AFIRMACIONES

Completa tu proyecto paso a paso escribiendo algunas afirmaciones, siguiendo los consejos de este capítulo.

- Trata de crear tres o cuatro afirmaciones realmente poderosas que puedas repetir tan a menudo como quieras.
- Al practicar todas las técnicas, es posible que tus relaciones mejoren en todos los niveles. Crearás un vínculo más estrecho con tus amigos y podrás hablar abiertamente sobre las cosas que te molestan, y te encontrarás divirtiéndote más con los miembros de tu familia.

AFIRMACIÓN MÁS GRATITUD ES IGUAL A PODER

Combina el poder de las afirmaciones con la positividad de la gratitud.

- Cuando te levantes por la mañana, piensa en una cosa por la que te sientas agradecido: podrías elegir estar agradecido por el nuevo día que tienes por delante, o por tu cuerpo sano, que te impulsa hacia delante.
- Ahora intenta crear una afirmación para esto, por ejemplo: «Doy gracias por este nuevo y emocionante día y por todas las cosas maravillosas que me depara».
- Escríbelo y llévalo contigo para poder leerlo y repetirlo a intervalos a lo largo del día.
- Cuando ocurra algo bueno, vuelve a centrar tu atención en la afirmación y repítela una vez más.
- Por la noche, antes de acostarte, repasa el día y encuentra cinco cosas por las que estés agradecido. Revive en tu mente los momentos especiales.
- Para terminar, repite tu afirmación una última vez.

HAZ
UNA
AFIR-
MACIÓN

Diez afirmaciones que te ayudarán a manifestar cualquier cosa

Recuerda repetir las afirmaciones que hayas elegido tantas veces como puedas.

1. «Estoy disponible para vivir la vida de mis sueños.»
2. «Confío en el poder del universo.»
3. «Acepto y forjo mi destino.»
4. «Todo me está saliendo perfectamente en este momento.»
5. «La manifestación es mi superpoder.»
6. «El universo me apoya en todo lo que hago.»
7. «Merezco todo lo que deseo.»
8. «Todo lo que deseo es mío.»
9. «Espero, creo y recibo.»
10. «Creo mi propia vida.»

Despeja el

DESORDEN

Bloqueos a la manifestación
Para que tu manifestación sea un éxito, tienes que ser consciente de los obstáculos que pueden bloquear tu camino. Son aquellas cosas que retrasarán el logro de tus objetivos y pueden impedir incluso que ocurran. La buena noticia es que cuando sabes a qué tipo de obstáculo te enfrentas, también sabes cómo superarlo. Con práctica y esfuerzo, podrás perfeccionar tu técnica de manifestación y hacerla aún más eficaz. No importa si tu objetivo es algo pequeño, como manifestar ese conjunto al que llevas años echándole el ojo, o un objetivo vital mayor, como vivir en tu propia casa o lograr tu primera entrevista de trabajo, los obstáculos siempre están ahí. Saber cómo manejarlos te da una ventaja.

Creencias limitantes

Uno de los mayores obstáculos para la manifestación es aferrarse a creencias limitantes. Se trata de ideas y comportamientos profundamente arraigados que has aprendido a lo largo de los años, por lo que están incrustados en tu forma de pensar. A menudo, estas creencias provienen de tu familia y se transmiten de generación en generación. Desde ideas que al principio parecen simples y basadas en dichos populares como «el dinero no cae del cielo» hasta creencias que se han formado en respuesta a tus experiencias; por ejemplo, puedes creer que solo hay un alma gemela para ti, y debido a esto te pones límite a la hora de conocer a muchas personas que podrían ser una buena pareja. A veces las creencias limitantes no surgen al principio o no parecen importantes cuando comienzas a manifestar, pero obstaculizarán tu progreso. Por ejemplo, si deseas manifestar una ganancia de dinero pero siempre has creído que ganar dinero es difícil, entonces esta creencia se manifestará y te resultará difícil atraer el dinero.

Cómo superar las creencias limitantes

La mejor manera de hacer frente a las creencias limitantes es abordarlas una por una y preguntarte por qué te sientes así. ¿Qué ha creado esta creencia? ¿Está basada en la verdad o es simplemente algo que has aceptado sin pensarlo realmente? Proponte pensar de una manera más positiva, una que resuene con lo que te gustaría manifestar. Puedes hacer esto pensando en ejemplos de la vida real y preguntándote si esto ha sido cierto para ti. También enfócate en cualquier éxito que hayas tenido.

Impaciencia

Manifestar tiene que ver tanto con la paciencia como con la perseverancia. Hay un equilibrio entre ambas, y un período de espera. Puedes utilizar la herramienta de manifestación más poderosa, pero eso no significa que vayas a alcanzar tu objetivo más rápidamente. El universo tiene un marco temporal, así que aunque puedas poner en marcha tu plan, podría tardar días, semanas o incluso meses en hacerse realidad. Durante este tiempo, es probable que te impacientes y frustres. Es posible que llegues a dudar de tus habilidades de manifestación, y esto podría bloquearte a la hora de conseguir lo que deseas. Es importante recordar que tus pensamientos dan forma a tu realidad, así que si empiezas a creer que no sucederá, es probable que no suceda.

Practica el refuerzo constante

Necesitas reforzar constantemente la idea de que alcanzarás el éxito, utilizando pensamientos positivos, afirmaciones y visualizaciones. Ten en cuenta también que necesitas estar abierto al flujo de abundancia del universo, lo que significa buscar activamente oportunidades y pasos que puedas dar

ESTRECHAR LAZOS FAMILIARES - OBSTÁCULOS

Si ves que tu proyecto paso a paso (ver página 87) no va a ninguna parte, puedes sentirte frustrado porque no ocurre nada, lo que, a su vez, crea un bloqueo a la hora de alcanzar el éxito.

- Vuelve a la mesa de dibujo y piensa en una forma diferente de manifestar lo que quieres y de eliminar los obstáculos para tu éxito.
- Repasa este capítulo e identifica tu problema concreto, luego encuentra formas imaginativas de derribar las barreras.

para acercarte a tu objetivo. Para gestionar la impaciencia, haz una lista de las técnicas que te ayudan a sentir más positividad y emplea al menos una cada día.

Esforzarse demasiado

Puede sonar parecido a la impaciencia, pero se trata de ser demasiado insistente y obsesivo. Cuando embistes hacia adelante con tu manifestación, ignoras otras cosas como las señales del universo y las oportunidades genuinas que te ayudarán a aproximarte a tu deseo. También es menos probable que te sientas agradecido por lo que ya tienes, lo que crea una sensación de carencia en tu vida. El resultado es que probablemente crearás más de lo mismo y nunca estarás verdaderamente contento con nada de lo que recibas. Lo irónico es que cuando nos comportamos de este modo, creamos resistencia. Nos movemos en dirección opuesta al flujo de abundancia del universo.

Muestra más gratitud

Da un paso atrás y asegúrate de valorar lo que ya tienes. Haz una lista de las cosas por las que estás agradecido, las cosas buenas de cada día que iluminan tu mundo. Asegúrate de convertir esto en una práctica regular, encontrando al menos cinco cosas al final de cada día por las que estés agradecido; esto debería ayudarte a relajarte y a disfrutar del momento presente.

TOMA LA DELANTERA
TOMA LA DELANTERA
TOMA LA DELANTERA
TOMA LA DELANTERA
TOMA LA DELANTERA
TOMA LA DELANTERA
TOMA LA DELANTERA
TOMA LA DELANTERA
TOMA LA DELANTERA
TOMA LA DELANTERA
TOMA LA DELANTERA
TOMA LA DELANTERA
TOMA LA DELANTERA
TOMA LA DELANTERA
TOMA LA DELANTERA
TOMA LA DELANTERA
TOMA LA DELANTERA
TOMA LA DELANTERA
TOMA LA DELANTERA

El miedo a la pérdida

Podemos desear manifestar algo, pero tal vez no estemos completamente listos para hacerlo, por lo que desarrollamos un miedo a perderlo antes incluso de que sea nuestro. Este miedo a la pérdida puede ser un gran obstáculo para la manifestación. Ya hemos focalizado nuestra atención en algo negativo que, a su vez, crea preocupación y miedo. El universo responde reteniendo lo que realmente queremos, porque no estamos preparados para ello. Recuerda que tienes que colaborar con el universo de forma positiva para alcanzar tus sueños. El miedo a la pérdida también procede de un lugar de duda. Dudas de ti mismo y crees que no te mereces lo que realmente quieres manifestar, hasta el punto de pensar que acabarás perdiéndolo.

Trabaja tu autoestima

La forma de vencer este obstáculo es trabajar en tu autoestima. Reconoce tu valía. Mereces todo lo que el universo puede darte. Dedica algún tiempo a cultivar el amor propio, desde valorar quién eres como persona hasta tratarte con cuidado y amabilidad. Repite afirmaciones positivas y da gracias por todas las cosas maravillosas que ya tienes en tu vida. Estas cosas son tuyas porque te las mereces.

Enfocarte en lo que no quieres

Cuando colocas tu atención en algo, diriges tu energía hacia ello y el universo responde enviando más de lo mismo. Manifestar consiste en enfocarse en lo que deseas, pero cuando lo haces, a menudo también aparece lo que no queremos. Ambas cosas van de la mano. Por ejemplo, quieres destacar en la entrevista de trabajo y te imaginas todas las maneras en que podría salir mal, desde decir algo incorrecto hasta no decir nada en absoluto. Aunque estas son cosas que no deseas, has desviado tu atención hacia ellas. Esto es comprensible, pero también crea un gran obstáculo cuando se trata de manifestar tus deseos.

Concéntrate en tu intención

Revisa tu interior de forma objetiva con regularidad y presta atención a tus pensamientos. Si ves que cambian de enfoque de este modo, vuelve a centrar tu atención en el aquí y ahora y en la idea de que ya tienes lo que deseas. Involucra tus emociones e imagina cómo te sentirás cuando hayas manifestado tu deseo.

Juzgar

Este obstáculo consiste en juzgarte a ti mismo y a los demás, hacer comparaciones y dejar que los celos y la envidia sean tus principales motivaciones para manifestar. Es natural que comparemos nuestra vida con la de los demás y queramos lo que ellos tienen, pero cuando está en el primer plano de tu mente, disminuye tu vibración energética. Como cualquier tipo de negatividad, también te separa del flujo de abundancia del universo. Incluso cuando el juicio es sobre ti mismo, es fácil dejarse atrapar por las emociones negativas. Podrías ser duro contigo mismo cuando sientes que tu manifestación no está funcionando como debería, lo cual también puede crear un bloqueo.

Respira

Cuando sientas que los juicios invaden tu mente, vuelve a centrar tu atención en la respiración. Inspira profundamente y cuenta hasta cuatro, luego espira y haz lo mismo. Enfócate en la subida y bajada del pecho y deja que los pensamientos floten en tu mente, en lugar de fijarte en ellos.

Necesidad de controlar el resultado

Para manifestar con éxito, debes ser capaz de definir exactamente lo que quieres, tener autoconfianza y emprender acciones positivas, renunciando al mismo tiempo al control absoluto. Lo último a menudo es lo más difícil. Cuando sabemos lo que queremos, suponemos que también sabemos cómo nos llegará. Tenemos el resultado final en mente y lo vemos de una determinada manera, pero el universo suele tener otras ideas. Es importante no limitar tu manifestación pensando que tus objetivos solo pueden alcanzarse de una única manera.

A veces lo que queremos nos llega en un paquete muy distinto del que habíamos imaginado. Por ejemplo, quieres aumentar tus ahorros y piensas que la mejor forma de que suceda es recibir un dinero inesperado en efectivo o un premio. En lugar de eso, descubres que el dinero llega a través de una oportunidad de algún trabajo extra fuera de tu rutina habitual. La lección aquí es no preocuparse por el cómo o el por qué, sino ser flexible, dejar que las cosas sucedan y aprovechar las oportunidades cuando surjan. Deja que el proceso te sorprenda diciéndole al universo: «Todo está sucediendo exactamente como debería».

Mantente positivo

Ahora que conoces algunos de los obstáculos a los que puedes enfrentarte, puedes identificar los que probablemente te causen más problemas. Ocúpate de cada uno de ellos y busca la forma de superarlos. A veces el obstáculo para tu éxito es más general; quizá te cueste mantener una actitud positiva y necesites ayuda para eliminar los pensamientos negativos y las críticas.

Silencia a tu crítico interno

Tu crítico interno es la voz negativa en tu cabeza que aflora y trata de generar dudas y miedo. Es la voz que te dice que no eres lo suficientemente bueno, que no vales, o que no puedes hacer algo incluso antes de haberlo intentado. Todos tenemos esta voz, pero para algunos es más debilitante. Si quieres convertirte en un genio de la manifestación, es importante que aprendas a controlar esa voz, detenerla y, en última instancia, superarla.

DESAFÍO

SILENCIA A TU CRÍTICO INTERNO

Practica desmontar los obstáculos que encuentres para asegurar tu éxito.

- Cuando surjan pensamientos negativos, reconócelos por lo que son y toma conciencia de que son tu crítico interior intentando sabotear tu felicidad.
- Luego grita «¡para!», ya sea en voz alta o en tu cabeza.
- Inspira profundamente y, al exhalar, libera el estrés.
- Ahora piensa en una afirmación positiva que puedas hacer y que sustituya a las palabras negativas de tu crítico. Por ejemplo, si has oído «No puedo hacer esto, soy un inútil en los exámenes», sustitúyelo por «Siempre doy lo mejor de mí. Puedo hacer esto. Puedo superar este examen».
- Tómate un momento para respirar y repite mentalmente la afirmación positiva.

Diez maneras prácticas de combatir la negatividad

Prueba estas ideas o toma nota de lo que te llena de positividad, ¡y hazlo!

1. Sal a dar un paseo y conecta con tu entorno.
2. Haz ejercicio.
3. Conecta con un amigo, en persona, por Internet o a través de una videollamada.
4. Escucha música o un podcast.
5. Cocina tu comida favorita.
6. Medita.
7. Mímate.
8. Sumérgete en un libro o una revista.
9. Relájate con un programa de televisión que te guste.

abre
tu mente y

alinéate
con
el
universo

Crea tu caja de herramientas de manifestación
La manifestación tiene muchas formas y existen otras técnicas para crear tu realidad. Algunas de ellas funcionan mejor con los tableros de visión y los guiones, mientras que otras sirven como alternativa; ciertas técnicas pueden incluso ajustarse a tus necesidades específicas. Cuando comprendas cómo funcionan y sepas qué hacer, podrás ser flexible y crear un kit de herramientas de manifestación que se adapte a ti.

Visualización

La visualización es una técnica que puedes utilizar para manifestar cualquier cosa, y lo puedes hacer en cualquier momento y lugar.

La visualización es un ensayo mental de la realidad. Te permite experimentar cómo es tener lo que quieres y recorrer el camino con tu mente. Imagina que tienes una pantalla de cine en tu cabeza y ves cómo se desarrolla la película de tu vida. Tú eres el director, lo que significa que puedes llevar la historia a cualquier parte. Tienes el control total y puedes ponerte en cualquier situación que elijas. La visualización es un tipo de ensoñación, pero con una intención concreta. Es especialmente eficaz si eres el tipo de persona que piensa visualmente y puede enfocar imágenes, pero incluso si te cuesta, vale la pena perseverar. Hasta las visualizaciones breves y sencillas ayudan a atraer las cosas que deseas, sobre todo cuando se combinan con otras herramientas como las afirmaciones y el pensamiento positivo.

Visualiza tu sueño • Visualiza tu sueño • Visualiza tu sueño • Visualiza tu sueño • Visualiza tu sueño • Visualiza tu sueño •

Visualiza tu sueño • Visualiza tu sueño • Visualiza tu sueño • Visualiza tu sueño • Visualiza tu sueño • Visualiza tu sueño

Imagina el día que tienes por delante

Adquiere el hábito de crear una mini visualización del día que tienes por delante.

Respira hondo unas cuantas veces para despejarte y cierra los ojos. Imagina una pantalla de cine detrás de tus ojos. Relaja lentamente tu atención y deja que se desarrolle la película de tu día. Hazlo por etapas, desde tu rutina matutina hasta lo que has planeado para el resto del día. Visualízate completando con éxito cualquier tarea y poniéndote al día con amigos y familiares. Si tienes algo específico que te gustaría conseguir durante el día, visualízate haciéndolo en tu mente. Para terminar, imagínate al final del día sintiéndote feliz y en calma. Involucra tus sentidos y emociones y conecta con tus sentimientos. Repásalo varias veces.

Practicar este ejercicio te ayudará a reforzar tus habilidades de visualización y también actuará como una minitécnica de manifestación. Al final del día, quizá quieras contrastar tu visualización original con cómo fue realmente tu día. Aunque no resultara exactamente como lo habías imaginado, es posible que veas elementos que se hicieron realidad a partir de las cosas que experimentaste y de cómo te sentiste emocionalmente.

Imagina tu vida como deseas que sea

Visualiza tu vida tal como te gustaría que fuera y date un plazo. Empieza poco a poco. Por ejemplo, visualiza tu vida dentro de una semana. Piensa en lo que te gustaría manifestar durante ese tiempo, escríbelo y ten una imagen clara en mente; luego intenta visualizarlo. Tráelo al presente. Una vez que hayas conseguido realizar esto con éxito, plantéate un reto mayor. Visualiza tu vida dentro de un mes, y luego dentro de un par de meses. Tómate tu tiempo y disfruta del proceso de manifestación utilizando el poder visual de tu mente. Este tipo de visualización es especialmente eficaz cuando tienes un objetivo concreto en mente, como un examen o una entrevista de trabajo.

La visualización tiene muchas formas, y aunque se puede usar para contar una historia, en parte o en su totalidad, también se puede emplear para elevar tu vibración y atraer energía positiva.

Cuanto más practiques, más te perfeccionarás para verte como quieres ser.

VISUALIZACIÓN

- Cierra los ojos y dedica unos minutos a respirar profundamente para despejar la mente, luego imagina un enorme paracaídas dorado que desciende del cielo por encima de tu cabeza.
- El paracaídas te conecta con la poderosa energía de la abundancia que fluye del universo.
- Imagínate un rayo de luz dorada que sale del paracaídas y te baña de la cabeza a los pies en energía positiva.
- Respíralo. Absórbelo. Deja que se filtre bajo tu piel.
- Continúa visualizando que esta energía desciende y te colma de beneficios.

Meditación

La meditación es una técnica poderosa que abre tu mente y te alinea con el flujo de abundancia del universo. También eleva tu vibración energética y mejora tu enfoque y claridad, algo importante para manifestar con eficacia. La meditación aumenta tu conciencia, lo que te permite emprender acciones inspiradas que te encaminen hacia tu objetivo, porque puedes captar señales intuitivas y mensajes del universo.

Piensa en la meditación como un tipo de entrenamiento mental que te prepara para el trabajo de manifestación. Te permite ser más consciente de ti mismo y de tus necesidades, lo que facilita que identifiques tus objetivos. Junto con la visualización y el pensamiento positivo, la meditación puede contribuir a crear tu futuro y a atraer energía positiva. También es una forma estupenda de flexibilizar tu intuición y alinearte con el universo.

La meditación sirve para encender tu chispa creativa y fomenta el flujo de ideas para tu manifestación. Al despejar tu mente y estar presente en el momento, tienes el espacio y la libertad para dar rienda suelta a tu imaginación.

Por último, la meditación puede emplearse para romper la espiral de pensamientos negativos si ves que intentan acabar con tu positividad.

DESAFÍO

RESPIRA LA LUZ

Eleva tu vibración energética para atraer lo que deseas respirando luz de colores.

- Empieza preguntándote qué color asocias con la energía vibrante. Puedes cerrar los ojos, hacerte esta pregunta y ver qué color viene a tu mente, o mirar una selección de colores y elegir el que te haga sentir feliz y lleno de energía.
- A continuación cierra los ojos y enfócate en tu respiración. Inspira profundamente y, al exhalar, imagina que liberas cualquier pensamiento negativo o creencia limitante que pueda obstaculizar la manifestación.
- Continúa respirando de manera lenta y constante y, cuando estés preparado, céntrate en el color que elijas.
- Imagina que, al inhalar, atraes este color, llevándolo hacia el pecho y los pulmones. Al exhalar, liberas la energía negativa.
- Continúa respirando así durante cinco minutos. Si tu mente divaga, no te preocupes, simplemente devuélvela a tu respiración y enfócate en el color que has elegido.

Cómo meditar

Hay muchas técnicas de meditación. Esta es un punto de partida sencillo. Tómate de cinco a diez minutos cada día para relajarte y despejar la cabeza. De esta manera volverás a centrarte y a sintonizar un estado de ánimo positivo.

- Siéntate o túmbate cómodamente y relaja el cuerpo todo lo que puedas, sobre todo los hombros, donde a menudo acumulamos tensión.
- Alarga la columna vertebral e inspira profundamente, luego exhala contando cuatro tiempos largos.
- Enfócate en una cosa que puedas ver y deja que tu mirada se suavice. Observa todo lo que puedas de ese objeto: su forma, su tamaño y su estructura. Cuando tu mente empiece a divagar, vuelve a centrarte en ese objeto y respira.
- Tómate tu tiempo, desacelera la respiración y simplemente comprométete con el momento.
- Imagina que atraes una corriente de aire desde las plantas de tus pies, a lo largo de toda tu columna vertebral, por encima de tu cabeza y hacia fuera por tu boca al exhalar.
- Repite este ciclo y enfócate en el viaje de tu respiración. Deja que los pensamientos vayan y vengan, pero vuelve siempre a centrar tu atención en la respiración.
- Cuando hayas terminado, deberías sentirte más radiante, lleno de energía e inspiración para manifestar.

Pensamiento positivo

Cuando piensas en positivo, eres optimista respecto al futuro. Adoptas una actitud constructiva que tiñe todo tu hacer. Como tu mente está abierta a las posibilidades, puedes buscar el mejor resultado para cualquier situación, y detectarás las oportunidades en cuanto se presenten. Este tipo de perspectiva ayuda a elevar tu vibración energética, lo que garantiza que envíes el mensaje correcto al universo. No siempre es fácil mantenerse positivo, sobre todo cuando la vida te pone las cosas difíciles, pero siempre puedes hacer algo para cambiar tu actitud y mejorar tus posibilidades de manifestar lo que deseas.

El pensamiento positivo complementa todas las técnicas de manifestación. Debes utilizarlo junto con otras prácticas para crear tu realidad. Estas son algunas de las formas en que puedes utilizar el pensamiento positivo para ayudarte en la manifestación.

Recontextualiza tu situación

Cuando ocurra algo inesperado o malo, intenta reencuadrar tu pensamiento. En lugar de enfocarte en los aspectos negativos, intenta identificar al menos un aspecto positivo de la situación. Por ejemplo, puede que pierdas el autobús y, sí, es frustrante, pero te da más tiempo para escuchar música, apreciar tu entorno, charlar con otros pasajeros o incluso tomar la decisión de caminar y hacer algo de ejercicio. Adquirir el hábito de encontrar el lado positivo de lo que ocurre es especialmente eficaz en la manifestación, ya que significa que tu mente está abierta a posibilidades que de otro modo podrías pasar por alto. Además, genera energía positiva.

Imagina tu mejor futuro

Sueña un rato despierto e imagina tu futuro. Piensa en todos los aspectos de tu vida, desde tu vida personal y familiar hasta tu carrera, tiempo libre, amigos y aficiones. ¿Cómo sería tu vida ideal? Crea el mejor futuro posible en tu mente y luego escribe lo que ves. Las investigaciones sugieren que cuando nos enfocamos en un futuro brillante creamos una perspectiva positiva, nos sentimos más felices y podemos conseguir más en el presente, que es exactamente lo que necesitamos hacer al manifestar. El pensamiento positivo eleva nuestra vibración energética a nuevas alturas.

Sonríe y enfócate

Sonreír fomenta la positividad. Es una de las mejores formas de elevar tu vibración energética y de cambiar tu mentalidad. Sonríe y siente cómo se ilumina tu rostro. Sonríe a otra persona y observa cómo te devuelve el favor. Siente cómo fluye la energía positiva entre vosotros. Sonríe y enfócate en un pensamiento positivo, aunque sea algo tan sencillo como «estoy lleno de energía positiva, manifiesto lo que necesito».

Reconoce tu auténtico valor

El pensamiento positivo es esencial cuando piensas en ti mismo y en lo que puedes hacer. Para manifestarte eficazmente tienes que creer que eres digno y que mereces ser feliz. Por tanto, ¡tiene sentido celebrar todas las cosas buenas que te hacen ser tú!

RECONOCE TU VALOR

- Haz una lista de tus fortalezas y talentos.
- Si te cuesta pensar en algo positivo que decir sobre ti, pide ayuda a tus amigos y familiares. Ellos podrán destacar todas las maravillosas cualidades que te hacen especial.
- Una vez que tengas la lista completa, léela y da las gracias por todo lo que has anotado.
- Cuando reconozcas tu valía, también verás lo que puedes alcanzar y que cualquier cosa es posible.

V
i
S
T U
a
L
i
Z
ReaLiDAD

Diez maneras de potenciar el pensamiento positivo

El pensamiento positivo es clave para permanecer en el presente y apreciar lo que tienes y lo que puedes conseguir.

1. Dite a ti mismo que va a ser un gran día.
2. Escucha una canción alegre.
3. Elogia a alguien.
4. Agradece las cosas buenas de tu vida.
5. Date permiso para reír, y ríete a menudo.
6. Pasa tiempo con personas que te hagan sentir bien.
7. Celebra tus éxitos.
8. Habla contigo mismo como hablarías con tu mejor amigo.
9. Revive los momentos positivos compartiéndolos con los demás.
10. Haz algo amable por un completo desconocido.

cReaV
CONSC

ÍNCULOS
ENTES

Manifestar para otros

Una vez que hayas perfeccionado tus habilidades para manifestar, puedes ampliar la escala. Desde objetos e ideas más grandes hasta difundir el amor y compartir tus talentos con amistades, familiares y la comunidad. El cielo es realmente el límite cuando se trata de dar forma a tu futuro. Siempre que tengas una intención clara en mente y puedas apoyarla con otras técnicas, tus habilidades de manifestación serán útiles para ayudar a los demás, llevar un estilo de vida más holístico y generar energía positiva en cualquier ámbito.

Comparte la alegría de manifestar con amigos y familiares. Incluso si no están familiarizados con el proceso, puedes ayudarlos a atraer lo que desean con algunos consejos y trucos simples que puedes incorporar en tu propia práctica.

Visualizaciones

Las visualizaciones suelen centrarse en algo que deseas, y la idea es traerlo al presente e imaginar que ya lo tienes. Puedes utilizar el mismo proceso para hacer realidad los sueños de las personas más cercanas a ti.

Supongamos que tu madre quiere cambiar de casa, pero le cuesta encontrar el lugar y la zona adecuada, y a un precio que pueda pagar. Una vez que tengas una idea clara de qué es exactamente lo que ella busca, puedes empezar el proceso de visualización. En este caso, podrías visualizar a tu madre despertándose en su nueva casa, verla en cada habitación, disfrutando de la casa de sus sueños. Podrías introducirte en la visualización visitando a tu madre en su nueva casa o compartiendo este nuevo espacio con ella. Mientras visualizas, piensa en cómo os sentís los dos. Involucra tus sentidos y haz que el lugar cobre vida. Termina haciendo una declaración clara al universo, por ejemplo: «Tal como lo veo, que así sea».

Afirmaciones

Las afirmaciones son frases que enfocan la mente y apoyan otras formas de manifestación. Pueden modificarse para que funcionen a una escala mucho mayor, y son fáciles de usar. Crea afirmaciones que sirvan para todos, haciéndolas universales, de modo que si quieres manifestar felicidad podrías decir: «Yo manifiesto una vida feliz para mí y para mi (amigo/pareja/padre/hermana)» o «La felicidad llena la vida de todos mis seres queridos».

Cuando digas la afirmación, piensa realmente en tu intención y en cómo sería, por ejemplo, ver a tu mejor amiga feliz y disfrutando de la vida.

Tableros de visión

Los tableros de visión son personales y deben llenarse de cosas asociadas a tu deseo, pero puedes hacer que lo abarquen todo incorporando a amigos, familiares y la comunidad en general. Por ejemplo, si buscas encontrar la paz y el equilibrio y quieres llevar eso a tu vida familiar, podrías incorporar fotografías de reuniones familiares y afirmaciones que incluyan a tus seres más queridos. Si quieres extender el amor más allá de tu comunidad, podrías incluir imágenes de los alrededores, lugares importantes de tu vecindario y personas que marcan la diferencia.

Los tableros de visión pueden funcionar bien cuando se enfocan entre dos, así que si tienes un amigo dispuesto o una pareja que quiera ayudar, podéis trabajar juntos en uno. Lo importante es que identifiquéis conjuntamente vuestra intención y que sea algo importante para ambos.

Crea un tablero de visión con tu pareja

Vas a trabajar en un tablero de visión con tu pareja. Quizá estéis buscando vuestra primera casa juntos, así que vuestra intención sería encontrar un piso dentro de vuestro presupuesto que os entusiasme a los dos.

- Empieza con una lluvia de ideas. Haced una lista de todas las cosas que queréis de este lugar. Soñad despiertos y cread una visión en la que ambos estéis de acuerdo.
- A continuación, dedicad un minuto a anotar las palabras que podríais asociar con el lugar, por ejemplo, *acogedor*, *moderno* y *vida urbana*.
- Comparad vuestras las palabras y elegid una selección que podáis utilizar en el tablero.
- Divertíos buscando imágenes y citas que reflejen lo que sentís los dos por vuestro nuevo piso. Sed creativos y colocadlas en vuestro tablero.
- Cuando estéis satisfechos con la imagen que habéis creado, inventad una afirmación que ambos podáis utilizar todos los días, como parte de vuestro ritual de manifestación.
- Para terminar, sacad fotos del tablero para que ambos tengáis acceso digital. Acordad una hora fija cada semana en la que miraréis el tablero de visión (incluso cuando estéis separados) para repetir la afirmación.

Adopta una actitud de agradecimiento

¡Si quieres llevar tu manifestación al siguiente nivel, extiende el círculo de la gratitud. Haz que tus amigos y familiares participen creando una lista de gratitud en la que podáis trabajar juntos.

Asigna a cada uno la tarea de escribir cinco cosas por las que le gustaría dar las gracias en su vida en este momento. Reserva un tiempo para compartir vuestras listas. Sé sincero sobre las cosas que te importan y escucha lo que han elegido los demás. Puede que te des cuenta de cosas en las que no habías pensado y por las que también estás agradecido: añádelas a tu propia lista para que crezca. El objetivo de este ejercicio es volverte más consciente y abrirte al flujo de gratitud en tu vida.

A continuación, desafíate a pensar en cosas fuera de tu círculo por las que estés agradecido, como el mundo natural, los animales y los pájaros, el clima cálido, los días más largos del verano, etc. Plantea este reto a tus amigos y familiares y averigua qué se les ocurre, luego comparte tus ideas una vez más. Acostúmbrate a actualizar periódicamente las listas y a ponerte en contacto con tus allegados. Hablar de las cosas que todos apreciáis atraerá más de lo mismo y elevará tu vibración energética para que puedas manifestar aún más cosas buenas.

COMPARTE LA ALEGRÍA

COMPARTE LA ALEGRÍA

COMPARTE LA ALEGRÍA

COMPARTE LA ALEGRÍA

COMPARTE LA ALEGRÍ

COMPARTE LA ALEGRÍA

COMPARTE LA ALEGRÍA

COMPARTE LA ALEGRÍA

La comunidad extendida

Manifestar va más allá de ti mismo y de tu círculo de personas cercanas. Cuando le des forma a tu realidad, piensa con originalidad e intenta manifestar cosas que te beneficien tanto a ti mismo como a los demás. Considera todos los aspectos de tu vida y todas las personas con las que entras en contacto, y luego piensa en las que aún no conoces y en cómo puedes construir un espíritu de comunidad.

Intenta manifestar...

- **Una tribu:** un grupo de amistades afines con las que puedes compartir tus sueños y esperanzas.
- **Una comunidad *online*:** un grupo de amistades con quienes puedes contactar *online*.
- **Mejores relaciones laborales** con las personas de la oficina, universidad o escuela.
- **Una comunidad de apoyo:** Un grupo de personas que viven en la misma zona y se cuidan mutuamente.
- **Un mentor:** alguien a quien admiras y puedes acudir en busca de consejo.
- **Una dinámica familiar feliz:** relaciones abiertas y afectuosas con los miembros de la familia, incluso con los que no ves a menudo.
- **Una red de apoyo espiritual:** un grupo de personas que se ofrecen apoyo y orientación espirituales.

Un poco más lejos

Comprometerse con el mundo natural desempeña un papel importante en el proceso de manifestación. Para crear cambios y dar forma a las cosas que deseas, necesitas estar conectado con tu entorno. Esto significa trabajar con la energía universal en forma de elementos y de tu entorno. Sumergirte en el mundo natural te ayuda a estar presente y también enciende tu creatividad, que es una herramienta de manifestación esencial. Además, eleva tu vibración energética. Cuanto más consciente seas de tu entorno, más afinarás tu intuición y captarás los signos y señales que te envía el universo. Reconocerás el flujo de sincronicidad en tu vida y sabrás exactamente cuándo actuar.

UN PASEO CONSCIENTE

Una de las mejores formas de conectar con la naturaleza es dar un paseo consciente. Puedes hacerlo en cualquier sitio, pero te ayudará encontrar un espacio verde, como un parque, un campo o una reserva natural.

- Enfócate en las cosas sencillas, como el ritmo de tu respiración y el sonido que hacen tus pies al caminar. Inspira larga y profundamente y, al exhalar, imagina que liberas cualquier cosa que pueda bloquear el proceso de manifestación, como miedos o creencias limitantes.
- Involucra todos tus sentidos y conecta con el entorno a través de tu vista, oído, olfato, gusto y tacto. Percibe detalles concretos, como el sonido del viento entre los árboles, el aroma de la tierra húmeda, y mucho más.
- Si sientes que tu mente divaga, vuelve a centrar tu atención en el ritmo de tu respiración y recuerda que cada vez que inspiras estás elevando tu vibración energética, y cada vez que exhalas, te estás liberando de cualquier limitación.
- Mientras caminas, observa cómo se desarrolla y crece el mundo que te rodea, cómo se renueva a cada momento. Inspírate en el mundo natural y reconoce que tú también tienes el poder de sembrar semillas para el futuro y crear todas las cosas que deseas en tu vida.

SUMÉRGETE EN EL MUNDO NATURAL

Alison Davies es una destacada tallerista que imparte cursos en universidades de todo el Reino Unido, donde enseña a académicos, estudiantes y profesionales especializados en la primera infancia a utilizar las historias como herramientas educativas. Además, ofrece talleres sobre el poder transformador de las narrativas y su capacidad para cambiar vidas. Alison escribe regularmente en un gran número de revistas, como *Take a Break*, *Fate and Fortune*, *Spirit & Destiny*, *You*, *Kindred Spirit*, *Take a Break Pets* y *Woman's Own*. Sus artículos también han sido publicados en prestigiosos medios como el suplemento educativo del *Times*, el *Daily Mail*, el *Daily Express* y la sección de crianza del *Sunday Express*.

Título original: *Manifest your power*
Primera edición publicada en 2023 por Quadrille, un sello de Hardie Grant Publishing, Londres.

c/ Mar Tirrena, 5, 08912 Badalona
www.koanlibros.com • info@koanlibros.com
ISBN: 978-84-10358-11-9 • Depósito legal: B-18557-2024

Maquetación: Cuqui Puig

Impreso en China

FSC www.fsc.org
MIXTO
Papel | Apoyando la silvicultura responsable
FSC® C018179